El CAMINO
a La
DOBLE
PORCION

RAFAEL MOJICA

AGRADECIMIENTO

Al único y eterno Dios, Elohim, mi Padre, a Jesús El Mesías y al Espíritu Santo por haberme formado, salvado y revelado. A mi amada esposa Claribel Mojica por ser mi ayuda idónea, mi apoyo y quien por mucho tiempo me empujó y motivó a escribir este mi primer libro, a mis hermosos hijos Roxxana, Deuel y Jeff, ustedes son una gran bendición para mi. A mis padres Rafael y Carmen Mojica por sembrar en mi el temor a Dios, a mis hermanos Melvin y Eliezer y sus respectivas familias por creer en mi y apoyarme, mis Hijos espirituales de Comunidad De Fe en Kissimmee, ustedes son los mejores, gracias por todo su amor y fidelidad para con nosotros, A mis padres espirituales, los Apostoles Steven y Valerie Swisher, a la pastora Victoria Swisher, gracias por siempre cubrirnos.

A mis Pastores hijos espirituales en diferentes partes del mundo, gracias por su amor, confianza y palabras de ánimo. Confio que este libro sirva para renovar el entendimiento y sea un instrumento de bendición para todo aquel que lo lea, y que pueda trascender a generaciones futuras. LES AMO!

Prólogo

Comienzo con una expresión de este libro; Hay mucha gente queriendo alcanzar grandes cosas atraves de pequeños procesos. El problema principal es que están enfocados en sus propios sistemas y no en el diseño original de Dios. La palabra proceso en su definición mas simple significa, un conjunto de actividades mutuamente relacionadas o que al interactuar juntas en los elementos de entrada los convierten en resultados. Este libro es parte de las experiencias de un hombre que nació y ha vivido caminando en una fe inquebrantable y con el profundo anhelo y deseo de conocer el corazón del Padre mas de cerca. El Apóstol Rafael Mojica ha plasmado en este libro parte de los procesos a los que que el mismo se ha sometido como parte de los tratos de Dios para con su vida, y como resultado de esto ha recibido esta poderosa revelación y aquí nos la presenta como consejo de vida.

Hace ocho años atrás cuando el Eterno me permitió conocer a este gran hombre de Dios pude saber inmediatamente que cargaba una poderosa palabra de Reino con una unción profética que no estaba limitada geográficamente a su congregación Comunida De Fe, sino que trasciende a las naciones con el propósito de empoderarlos, y este libro, es parte de ese empoderamiento.

El Camino A La Doble Porción es un libro que te va a llevar a renovar tu entendimiento, y te va a revelar que tu vida no fue diseñada para limitarse a lo que otros opinen o piensen de ti. Levántate donde estas, mantén tu oído conectado al cielo porque lo que vas a leer te hará entrar en dimensiones sobrenaturales. Te invito a que al igual que yo, disfrutes de esta poderosa enseñanza. Declaro que tu vida es renovada y transformada por el poder del Espíritu Santo y que cada revelación de este libro desatará una unción y manifestación de poder sobre tu vida.

Pastor Norberto Fonseca

-Fundador de Advance Community Outreach.

-Pastor Ministerios Internacionales Comunidad De Fe.

COMENTARIO

Conozco al Pastor Rafael Mojica y a su familia. Es un hombre que practica lo que predica y eso no es algo común en muchas personas. Una de las verdades de la Palabra es que en la medida que dices amar a Dios, se evidenciará en tu llamado, servicio y manifestación. Dios esta buscando personas que amen y respondan a su misión, no de palabras, sino de acción. Creo que este libro es una herramienta de mucha utilidad para la iglesia. Gracias Pastor por este regalo que bendecirá a una generación que entienda que el verdadero liderazgo es el servicio.

Michael Cordova
Pastor, Conferencista y Consejero
Vida en Familia

EL CAMINO HACIA LA DOBLE PORCIÓN

Uno de los motivos de este libro es recalcar la importancia del orden que existe en el Reino de Dios. Creo que uno de los problemas que confronta la iglesia hoy día es el hecho de que mucha gente quiere alcanzar grandes cosas, pero a través de pequeños procesos. Se enfocan en sus propios sistemas y no se dedican a seguir el diseño original establecido por Dios desde la creación del mundo.

Es más fácil lograr una meta por conexiones que por compromiso. Es decir, a muchos les gusta alcanzar mucho sin tener que entregar o sacrificar nada.

Esta ecuación preferida por muchos ha traído muchas consecuencias, no solo a los que la buscan, sino a los que se acercan a los mismos. El rey David dijo:

«Pero el rey dijo a Arauna: No, sino que ciertamente por precio te lo compraré, pues no elevaré holocaustos a YHVH mi Dios que no me cuesten nada. Así David compró la era y los bueyes por cincuenta siclos de plata.» (2 Samuel 24:24, BTX)

David estaba obedeciendo un mandato, pues tenía al jebuseo Arauna frente a él, ofreciéndole que tomara lo que necesitara y que pagara lo que él quisiera. Había una necesidad en David, y había un hombre dispuesto a suplirla, pero ese hombre tendría que fijar el valor, porque para obtener lo que tenía, también tendría que pagar un precio. David no estaba dispuesto a ofrecerle a Jehová lo que por propia experiencia y esfuerzo no había obtenido. Ofrecer un sacrificio ajeno suele ser una tentación, pero no caigas en eso. *El camino parece más fácil cuando es más corto, pero lo que no fuiste capaz de caminar hoy, lo tendrás que gatear mañana.* Los procesos tomados desde la perspectiva correcta te fortalecerán, te darán experiencia y te ayudarán a enfrentar nuevas temporadas que traerán aceleración a tu vida espiritual. Cada experiencia de hoy sin aparente explicación tendrá sentido mañana.

Cuando escudriñamos la Biblia encontramos ejemplos que nos muestran lo que sucedió en la vida de aquellos que optaron por el orden y aquellos que lo obviaron; por ende vemos resultados diferentes.

En el libro de 1 de Reyes, capítulo 17:1, encontramos el comienzo de uno de estos sucesos que nos muestra la obediencia, la entrega, la pasión y la perseverancia.

Comenzamos con el llamado de un hombre que aparece de repente. Su nombre es Elías tisbita, quien era de los moradores de Galaad. No se nos habla de sus padres o de su familia, de su preparación, de sus capacidades o cualidades, pero sí sabemos que con un propósito y destino aparece en escena. Cuando Dios se determina impactar, transformar y manifestar su voluntad sobre algún lugar, lo hará de acuerdo a su soberano criterio sin tomar en consideración las calificaciones humanas.

En ocasiones puedes ser señalado o no considerado porque no provienes de una familia funcional o conocida. En ocasiones tú mismo puedes ser el factor limitante, creando tus propias barreras. Miras hacia atrás para ver quién de tus antecedentes lo había hecho antes y no te das cuenta de que Dios ha determinado un nuevo tiempo para ti: *Llegaste a esta estación temporera llamada tierra para romper los esquemas.* Fuiste escojido para escribir una historia diferente en tu familia.

Los errores que se cometieron en el pasado no los vas a repetir tú. Las enfermedades de ayer no te van a tocar hoy. Los obstáculos que detuvieron a otros, a ti no te van a parar. Eres parte de una nueva generación que se levanta con paso firme agarrándose de la palabra profética y de las promesas que has recibido. Eres parte de la generación del relevo. *Muchas veces somos juzgados por el lugar de donde venimos y no por el destino que llevamos.* Sin embargo, lo que te hará llegar es tu destino y obediencia, no tu origen.

Quizás hoy pocos conozcan tu origen, pero todos conocerán tu destino. La llegada de Elías no fue anunciada, pero fue sentida en toda aquella región. No se nos dice que venía como profeta, pero desde que apareció en la escena comenzó a profetizar. La palabra que soltó no era una de consuelo, ni de esperanza, sino una de confrontación, que traía como asignación romper con la desviación de un rey llamado Acab. Este rey había hecho lo malo ante los ojos de Jehová, más que todos los reyes que fueron antes de él, porque había edificado un altar a Baal y se postraba ante él.

La aparición de Elías marcó una nueva temporada; todo fue estremecido, desde el ciudadano más sencillo hasta las más altas esferas del gobierno. Tu reconocimiento no vendrá por el nombre que traigas, sino por la unción que manifiestes. Un título puede impresionar en la puerta de entrada, pero la unción transfomará a alguien toda una jornada. Toda aquella región sintió la llegada de Elías. Su ministerio profético trajo cambios inmediatos sobre toda la atmósfera y, por ende, sobre todo lo que entraba en ella.

Es mejor fluir en una unción sin reconocimiento humano, que tener el reconocimiento humano, sin fluir en la unción. Lo que manifiestes siempre será más impactante de lo que puedas hablar. Me parece que el mundo ha escuchado mucha gente hablar de Jesús, de su amor, su misericordia para con nosotros, de su ejemplo de entrega y su pasión, pero han faltado modelos como Jesús el Mesías, que mas allá de lo que puedan hablar, sean capaces de mostrar con sus actos el corazón de amor del Hijo de Dios. Vemos cómo se pronuncia el profeta Elías en su primera aparición en las Escrituras:

«Entonces Elías tisbita, que era de los moradores de Galaad, dijo a Acab: ¡Vive YHVH, Dios de Israel, en cuya presencia estoy, que no habrá rocío ni lluvia en estos años, sino por mi palabra!» (1 Reyes 17:1, BTX)

Comienza reconociendo al Dios de Israel a quien él representa y habla en su presencia. *Esto es muy importante: ocuparnos de que cada vez que nuestra boca se abra, estemos operando bajo su cobertura.* Esto eliminará los errores humanos y nos permitirá fluir bajo su autoridad absoluta. Moisés dijo: «Si tu presencia no ha de ir, no nos hagas subir de aquí» (Exodo 33:15, BTX). Jesús también dijo: «Yo soy la vid, vosotros los pámpanos. El que permance en mí, y Yo en él, éste lleva mucho fruto; porque separados de mí nada podéis hacer» (Juan 15:5, BTX).

Una conexión con tu Formador significa éxito, pero una desconexión con Él significará fracaso. El conocimiento no sustituye la relación; mantén la dependencia del Espiritu Santo en todos tus caminos. En el principio de la creación Elohim hizo todas las cosas con una Palabra; eso es un indicativo de que puede haber distancia entre el que suelta la misma y el que la recibe. Sin embargo, cuando llegó el momento del hombre, aparece pronunciándose: «Hagamos...» Desde un principio estableció la ley del acuerdo, luego formó al hombre con sus propias manos. Esto establece la cercanía del Padre con Adán; desde el comienzo fuimos diseñados en cercanía, en ese vínculo de intimidad con Él. Luego de ser formado de la tierra roja, me parece ver al Padre observando cada detalle de su obra maestra. Parecía haber terminado de manera espectacular, pero faltaba algo. Aquel cuerpo perfecto necesitaba recibir el sello de su Formador. Es ahí cuando Elohim insufló aliento de vida en el hombre. Esto le dio identidad, cercanía, cualidades, propiedad y una conexión sobrenatural.

Es ahí cuando dice la Escritura en Génesís 2:7 (BTX):

«Entoces YHVH Elohim modeló al hombre de la tierra roja, e insufló en sus narices aliento de vida. Y el hombre llegó a ser alma viviente».

El hombre con todos sus órganos, sus huesos y sus extremidades, solo llega a tener vida a través del Espíritu del Padre.

El secreto de la vida no está en las células o en el corazón o en la sangre o en algún órgano del cuerpo humano. La vida no te la dio tu padre o tu madre terrenal.

La vida es solamente posible a través del aliento de Elohim.

Es por eso que podemos encontrarnos a diario gente que camina, respira, parecen seres vivos, pero realmente están muertos en su espíritu, a causa de la falta de una relación íntima con el Espíritu Santo. El enfoque de hoy día es cuidar el cuerpo, ejercitarse, comer saludable, querer lucir bien, agradar a otros y vivir muchos años. Eso está muy bien, pero ¿qué hay con tu espíritu, con qué lo estás alimentando, cuál es tu prioridad, porque aunque los huesos son fuertes, no pueden sostener el cuerpo si el espíritu no está en él. Hoy es un excelente día para anhelar el soplo de Su Espíritu en ti. Definitivamente es una experiencia vivificante y necesaria para todos que quieren andar sometidos a su autoridad y ungidos por Su poder.

Eso establece el corazón del Padre en torno a sus hijos. Él te quiere cerca, por eso es que al hombre fallar en el huerto del Edén, entra la pregunta de parte de Dios diciendo: «¿Dónde estás?». Él sabía su ubicación exacta, y aunque estaba en el lugar donde lo habían puesto, se había roto el vínculo de la cercanía. Estar cerca del Padre no es cuestión de un juego, un capricho u alguna obsesión. No es cuestión de ser fanático, sino asunto de vida o muerte. Así que mantente conectado en tu lugar asignado y permanece bajo cobertura. No es simplemente estar en el lugar; es permanecer sujeto a quien te estableció en ese lugar.

Elías tenía esa conexión, ese tipo de relación con Dios. Les deja saber que la palabra que está soltando, solo él la puede dejar sin efecto. Estar bajo autoridad es un principio de orden establecido desde la creación del mundo.

La repentina aparición del profeta Elías estableció que estaba conectado al cielo y que era eco de Dios en la tierra. Por eso no temió en abrir su boca frente a cualquier situación que se presentaba. De la misma manera, Dios está anhelando que se levanten en esta generación nuevos voceros al igual que Moisés, a pesar de que no se levantaron en un hogar con un padre y una madre, a pesar de que fueron perseguidos, a pesar de que planificaron que no nacieran, sin tener facilidad en el hablar, sin tener un pasado bonito... El Padre les pueda decir: «Serás boca de Elohim ante el Faraón». Serán igual que Elías, que salió del anonimato, sin ser el profeta internacional, de la televisión o el más conocido, y no tendrán temor en hablar y pronunciar el corazón del Padre aquí en la tierra.

Tal y como habló Elías, así aconteció. Por su palabra se cerraron los cielos, y tanto la lluvia como el rocío se detuvieron por tres años y medio. Pero Dios tenía un plan con el profeta. El asunto no terminaba ahí. Este era el comienzo de una travesía a diferentes lugares y con diferentes personas. Tú que estás leyendo en este momento, tu vida no fue diseñada para limitarse a lo que otros digan, opinen o piensen de ti. Levántate donde estás, y en orden y cobertura comienza a direccionarte a tu destino. Hay personas que serán tocadas, impactadas, marcadas y transicionadas a causa tuya. Recuerda siempre que Sus pensamientos son más altos que los tuyos. Solo mantén tu oído conectado al cielo, y prepárate, porque lo que vas a escuchar y experimentar te hará entrar en dimensiones sobrenaturales. Te invito a entrar en una nueva temporada, a renunciar al conformismo y a lo tradicional.Te invito a que repitas conmigo ahora: «¡Espíritu Santo, quiero aprender a escucharte, quiero conocer tu voz y vivir la maravillosa experiencia de sentir tu fuego dentro de mi!». Vamos, pídeselo una vez más, anhélalo tanto como Él te anhela a ti. No te detengas hasta ver la respuesta. Te vas a sorprender con lo que vas a comenzar a experimentar de Su presencia y poder en tu vida.

«Y la palabra de YHVH vino a él diciendo: Apártate de aquí, dirígete al oriente y escóndete junto al arroyo de Querit, que está frente al Jordán. Y sucederá que beberás del arroyo, y Yo he mandado a los cuervos que te sustenten allí» (1 Reyes 17:2-4, BTX).

Aquí lo vemos moviéndose en obediencia a DIOS, siendo sustentado por los cuervos y bebiendo del arroyo, hasta el día que establece la Biblia que se secó el arroyo, porque no había llovido sobre la tierra. Hay un punto que quisiera resaltar de este momento, y es la importancia de escuchar los detalles de las instrucciones que recibes. Jehová le dice al profeta: «Escóndete en el arroyo de Querit que está frente al Jordán. Te envío al arroyo, pero vas a tener el Jordán de frente». En aquella región todos estarían sufriendo las consecuencias de la Palabra que soltó el profeta. Por ende, la persecución en su contra sería intensa, pero Dios tenía cubierto a su profeta, y en el lugar de su escondite, también llegaría su sustento. El arroyo era parte de la temporada donde nadie lo vería, donde se desconectaría del mundo externo. Sin embargo, era parte del adiestramiento hacia algo aún mayor.

Quizás hoy puedas sentirte en el arroyo, pero si estás ahí en obediencia, tranquilo. Ese arroyo es parte de una temporada, así que mantente ahí; aunque veas el Jordán adelante, no te adelantes. Es interesante ver que aunque no había llovido por mucho tiempo, el arroyo había permanecido con agua porque Elías tenía una palabra con respecto a eso. La obediencia aún en lo que no entendamos o en lo que parezca sin sentido traerá como consecuencia la manifestación de lo sobrenatural. Por una palabra de Elías todos estaban sin agua, pero por una palabra de Jehová, Elías tenía lo que necesitaba. Me puedo imaginar el escenario donde estaba el profeta, todo a su alrededor seco y sin vida, pero él, siendo alimentado y con agua abundante.

La diferencia entre la vida y la muerte están en la obediencia. Muchas veces es difícil el tener que separarse del resto del mundo. Son los momentos en que no comprendemos una soledad temporera, porque no estamos donde están todos. Nos preguntamos el porqué de la separación, pero si aprendemos a escuchar lo que Dios nos susurra en esos momentos silenciosos al estar en su presencia, nos daremos cuenta de los pequeños detalles. Las instrucciones fueron: «Escóndete en el arroyo de Querit, que está frente al Jordán». No fue sin razón, sino había un plan, pero ¿cuál era? Esconderlo por una temporada. En ocasiones, entender que el plan de Dios es mejor que el nuestro cuesta, pero al final, siempre será mejor. No cuestiones por los momentos cuando nadie está a tu lado. Te están escondiendo en el proceso, para luego llevarte a operar en nuevas dimensiones de *gloria* y *poder* en Su Reino. En el sentido humano parece raro el hecho de que Dios le dice: «Vete al arroyo que está frente al Jordán». La pregunta puede venir de manera instantánea... ¿por qué al arroyo y no al río?

Y la respuesta es la siguiente: el arroyo es parte de la temporada donde DIOS quiere esconderme, y el Jordán de la temporada de *exaltación.* Es muy importante escuchar bien la instrucción de Dios. Estarás en el arroyo, tendrás el Jordán al frente, pero no te metas al Jordán porque aunque está cerca, todavía el tiempo del Jordán no ha llegado. Puede ser que en momentos te encuentres con esta situación donde eres enviado a un lugar específico, y justamente al frente tienes otras opciones que pueden parecer buenas o similares a lo que Dios te habló, pero es importante establecer y reconocer que lo que Él te habló ocurrirá exactamente como te lo dijo. Si lo que estás viendo se parece a lo que Dios te dijo, ese no es Dios, porque Él siempre será preciso en el cumplimiento de sus Palabras. Lo que te dijo, lo verás tal y como te lo dijo. Quien único tiene que recurrir a imitar es el enemigo. DIOS ES ORIGINAL.

Elías no estaba solo por castigo de Dios. No era para que se deprimiera y pensara que nadie lo quería. Su temporada de soledad tenía un propósito: ver el cuidado personal de Dios para con él. Había dos escenas, la del resto de la gente que estaban acompañados y rodeados de otra gente, pero sin agua y posiblemente con escasos alimentos, quizás en medio de peleas por obtener un bocado de comida; sin embargo, el profeta se encontraba solo, pero con el cuidado de Dios, pues no le faltaba ni agua ni alimento. Definitivamente no hay nada mejor que estar bajo cobertura, estar en obediencia, estar en el tiempo correcto, nada mejor que creerle a DIOS. El simple hecho de ver cómo a diario los cuervos llegaban con la ración de alimento, con el tamaño perfecto y el mejor corte de carne que jamás un ser humano se haya podido comer: eso habla del resultado de la obediencia. Todo marchaba excelente para Elías, pero de repente, Dios, quien le dio la Palabra, secó el arroyo.

Puede haber ocasiones en tu vida en las que te encuentres experimentando situaciones como esta. De momento, te encuentras moviéndote a un lugar por una palabra que recibiste, y pasas un tiempo ahí. Comienzas a acostumbrarte a ese lugar, y de alguna manera te sientes cómodo porque te has adaptado, y ya es normal y común ver el milagro de la provisión de Dios para tu vida. Pero en realidad hay mucho camino por recorrer. Quien se conforma con la provisión jamás verá la abundancia. Recuerda esto: la provisión es lo que recibes para vivir el día a día, pero la abundancia es lo que te permite vivir sin preocuparte por las necesidades de mañana. Hoy debes entender que Dios es fiel y que si de alguna manera se acaba la provisión, eso es el mejor anuncio de que la abundancia está para ser desatada. Si hoy ves que el arroyo de tu sustento se ha secado, no te desesperes. Simplemente Dios lo secó para llevarte a experimentar y desatar algo nuevo. Espera las instrucciones de Aquel que te llevó al arroyo. No se te ocurra mirar al Jordán. El plan tuyo puede parecer bueno, pero el de Dios es mil veces mejor y perfecto. Una vez que crees y entras en un mover sobrenatural con Dios, todo lo que vivirás será sobrenatural. No te conformes a lo que te rodea, transfórmalo.

Lo que no has vivido siempre será mejor que lo que ya vivistes. Te invito a creer que estás a punto de entrar en una nueva estación. Hoy se rompen las limitaciones de acuerdo a Su promesa:

«Y al que puede hacer todas las cosas mucho más abundantemente y más allá de lo que pedimos o entendemos, según el poder que actúa en nosotros...» (Efesios 3:20, BTX).

Si puedes aceptar el profundo significado de esta Palabra, simplemente permite que el poder que está actuando dentro de ti se manifieste ahora mismo en tu vida.

Hay algo en tu interior cuyo origen tiene que ver con el principio en el libro de Génesis cuando Elohim creó todas las cosas. Dice la Biblia que luego de haber creado la tierra, Él dijo: «Produzca la tierra vegetación...». Es interesante ver el hecho de que la tierra a través de una orden produjo lo que estaba dentro de ella, aunque no se podía ver. Luego dijo: «Bullan las aguas seres vivientes y aves que vuelen sobre la tierra en la expansión de los cielos...», haciendo de esta manera que se manifestara lo que estaba dentro del agua, aunque tampoco se veía. Luego formó al hombre y lo llevó a un adormecimiento profundo y tomó una de sus costillas e hizo a la mujer. La mujer estaba adentro del hombre, aunque no se podía ver. Hay un depósito del eterno Elohim en tu interior, y el hecho de que posiblemente hoy no lo veas no quiere decir que no esté. Mujer que lees este libro, ¿tú crees que tu Formador te sacó de adentro del hombre para esconderte? La respuesta es NO. ¡DIOS te sacó para exponerte! Brilla como nunca porque este es tu tiempo. La grandeza de DIOS está en ti. Regocíjate y celebra, porque lo que el hombre perdió al principio por la caída del primer *Adám,* el Padre nos lo devolvió a través de la muerte y la resurrección del segundo *Adám,* Jesús el Mesías. Hoy creo contigo que todo lo que ha estado inactivo adentro de ti, se activará para que cumplas tu propósito aquí en la tierra.

«La gloria postrera de esta Casa será mayor que la primera, y en este lugar daré paz, dice YHVH Sebaot.» (Hageo 2:9, BTX)

¡Estamos destinados para vivir de GLORIA en GLORIA! En algún lugar del mundo alguien está a punto de tirarse a morir y serás el instrumento que Dios utilizará para que cambie el destino natural de esa persona. Jehová le habla y le indica: «Levántate, vé a Sarepta de Sidón y mora allí; he aquí, Yo he ordenado allí a una mujer viuda que te sustente» (1 Reyes 17:9, BTX).

Cuando estudiamos lo que sucedía en ese tiempo con las viudas, nos damos cuenta de que sobre el pueblo recaía la responsabilidad de sustentarlas, y a Dios se le ocurre enviar al profeta a la casa de la viuda para ser sustentado. Tú podrías decir: eso no tiene sentido, pero en realidad todo lo que Dios nos pide que hagamos siempre traerá consigo una manifestación de Su Gloria. Cuestionar a Dios solo traerá atraso y consecuencias de desobediencia sobre tu vida. Recuerda esto: *¡Los verdaderos discípulos pueden preguntar, pero nunca cuestionar!* Elías obedeció inmediatamente y emprendió camino a su proxima estación, y al llegar a la puerta de la ciudad, encontró a una mujer viuda recogiendo leña, a la que le dijo: «Te ruego que me traigas un poco de agua en un vaso, para que beba». Me llama la atención el hecho de que el profeta pide lo que él sabe que está escaso, o que no hay agua a causa de la palabra que él mismo había declarado. Sin embargo, la viuda, sin cuestionar nada, se mueve a buscar el agua. Posiblemente no tenía lo que el profeta le estaba pidiendo, pero eso no limitó el hecho de que se moviera en obediencia. De igual manera, cuando tú reconoces el manto que está delante de ti, lo mejor que puedes hacer es reaccionar con obediencia. Estoy seguro que si no había agua, a causa de que ella se movió a buscarla, el agua aparecería, inmediatamente. Luego Elías le dice que le dé un bocado de pan de su mano, a lo que ella responde que solo le queda un puñado de harina y un poco de aceite en la vasija para prepararlo para ella y su hijo y luego morirse. Observa el detalle de la petición del profeta: el bocado de pan tendría que venir de su mano.

En ocasiones Dios te va a pedir algo, y te va a decir cómo, igual que el profeta le pidió a esta mujer. Él quiere bendecir todo lo que salga de tus manos. Lo que salga de ti será bendito.

«Elías le dijo: No temas; ve, haz como has dicho, sólo que de ello hazme a mí primero una torta pequeña y traémela; después harás para ti y para tu hijo; porque YHVH, Dios de Israel, dice así: La harina de la tinaja no escaseará ni el aceite de la vasija disminuirá, hasta el día en que YHVH mande lluvia sobre la faz de la tierra» (1 Reyes 17:13–14, BTX).

Una vez más vemos la importancia de la obediencia. El profeta no quería cambiarle los planes, solamente el orden. A través del principio de la siembra, ella pudiera activar una cosecha que cambiaría un pronóstico de muerte en uno de vida. Quien escucha esta historia sin conocer el final pudiera pensar en cómo es posible que Dios hubiera enviado a alguien a ser sustentado por alguien que no tenía los recursos y que naturalmente se encontraba en su peor momento, pero DIOS siempre tiene un plan perfecto. El profeta no llegó a quitarle el último bocado a la viuda, no, él llegó en el momento oportuno para que con ese último bocado, ella pudiera sembrar lo que le daría la cosecha que supliría sus necesidades por los próximos años. Cuando lo que tienes en tus manos no es suficiente para cubrir tus necesidades, toma un paso de fe y siémbralo. Comerte la semilla no ha sido, no es, ni será la alternativa correcta.

Tal vez hoy te puedas identificar con el profeta, y eres tú a quien Dios le secó el arroyo para que fueras movido a desatar una manifestación sobrenatural sobre alguien que está a punto de morir y te puedes preguntar: ¿cómo será esto, por qué yo? La respuesta es sencilla. Dios te marcó desde antes que nacieras para ser un agente transformador, con tus virtudes y tus defectos, con tus fortalezas y tus debilidades. Nunca dudes porque el Dios que te llamó jamás te dejará en vergüenza.

Quizá te puedas sentir como la viuda, a punto de tirarte a morir porque solo te queda el último puñado de harina, pero en algún lugar que aún tu desconoces, Dios le está secando el arroyo a alguien para que venga a ti, a pedirte cómo siembra tu último bocado, y al actuar conforme a la palabra del profeta se desatará lo que has estado necesitando o esperando.

«El que recibe a un profeta por el nombre de profeta, recibirá recompensa de profeta, y el que recibe a un justo por el nombre de justo, recibirá recompensa de justo» (Mateo 10:41, BTX).

Como dato interesante podemos destacar que Dios juntó a dos personas con una necesidad común, pero con un plan inusual y maravilloso de manifestar un milagro y mostrarnos las consecuencias de la obediencia y el efecto de la ley de siembra y cosecha. Luego de esto relata la escritura que la harina no escaseó ni el aceite menguó conforme a la palabra que JEHOVÁ había hablado por medio de Elías. Aquí vemos como de algo aparentemente trágico, tenemos una lección de fe y obediencia. Relata la Biblia que después de estas cosas, el hijo de la viuda cayó enfermo y murió, y Dios volvió a operar un milagro a través del profeta, resucitándolo. Luego lo encontramos haciéndoles frente a los profetas de Baal y desatando la lluvia nuevamente. Pero el haber confrontado y eliminado a los profetas de Baal trajo como consecuencia una persecusión por parte de la reina Jezabel. Ante este escenario Elías huyó para salvar su vida y llegó hasta el desierto donde anduvo todo el día. Las Escrituras narran que estando allí, se sentó debajo de un enebro y ansiaba morirse. Una de las cosas que llama mi atención de este suceso es el hecho de que en medio del proceso, el profeta Elías comenzó a desear algo que no estaba en los planes de Dios para su vida. Pidió la muerte, cuando en el diseño original de su Formador, no existía como final el morir.

En nuestro diario vivir podemos enfrentar situaciones que pueden llevarnos a pensar de una manera diferente a lo que realmente fuimos destinados, pero hoy es el mejor día de tu vida para ponerte sobre tus pies y comenzar a creer y declarar cada palabra que has recibido.

Hoy te invito a reflexionar.

Lo que estás pensando para tu vida, para tu familia o para tu ministerio en este momento, ¿es parte del plan de Dios para ti?

¿DIOS te había hablado? ¿Te dio instrucciones? ¿Las seguistes?

Porque mis pensamientos no son vuestros pensamientos,
Ni vuestros caminos mis caminos, dice YHVH.
Porque como los cielos son más altos que la tierra,
Así mis caminos son más altos que vuestros caminos,
Y mis pensamientos más que vuestros pensamientos.
(Isaias 55:8–9, BTX)

Si te encuentras en medio de situaciones fuertes, si la opresión aumenta cada vez, regocíjate. Cada persona que viene a esta tierra con una asignación especial, de libertar, de transformar y de provocar cambios será probado y atacado.

Una circunstancia temporera no puede ser más grande que una palabra decretada por el eterno Elohim. Sentirte cansado, frustrado, perseguido u traicionado puede provocar en ti el deseo de querer rendirte o establecer tu propio plan de acción para solucionar humanamente algo que no tiene que ver con carne ni sangre, sino con el poder de DIOS que actua en nosotros.

«Por lo demás, sed fortalecidos en el Señor, y en el poder de su fuerza. Revestíos de toda la armadura de Dios, para que podáis estar firmes contra las asechanzas del diablo, porque no tenemos lucha contra sangre ni carne, sino contra los principados, contra las potestades, contra los gobernadores del mundo de las tinieblas, contra las huestes espirituales de maldad en las regiones celestes. Por tanto, tomad

*la armadura completa de Dios, para
que podáis resistir en el día malo y,
habiendo hecho todo, estar firmes.»*
(Efesios 6:10–13, ʙᴛx)

Este es un buen momento para escoger
sus planes o los tuyos. Para Elías significaba
su deseo de morir en el desierto, o el plan
de DIOS de ser levantado en un carro
de fuego y no ver la muerte. Quizá estás
viendo la escena que tienes de frente, pero
tu Padre está viendo la película completa,
incluyendo tu final de Gloria en tu destino
profético. Así que regocíjate porque te vas
a levantar de este proceso con más fuerza
y determinación.

Luego de esto Elías se queda dormido
y tiene un encuentro con un ángel que
lo despierta y le trae comida. Vuelve a
quedarse dormido y reaparece el ángel a
despertarlo, esta vez con un mensaje que
cambiaría sus planes para siempre.

El ángel le dice: «¡Levántate y come,
porque largo camino te resta!».

Es en este momento donde te das cuenta
que donde pensabas poner un punto, Dios
solo estaba escribiendo una coma. Donde

pensaste que todo terminaba, Dios te dice: «Lo único que termina hoy es un capítulo de tu vida para comenzar otro, donde podrás ver como te honro y a través de ti bendeciré nuevas generaciones». Y registra la escritura que se levantó, comió y bebió, y con la fuerza de esa comida anduvo cuarenta días y cuarenta noches hasta Horeb, el monte de Dios, donde entró en una cueva y pasó allí la noche. Es en ese lugar donde escucha la voz de Dios que le pregunta: «¿Qué haces aquí Elías?». Luego de una conversación, la voz de Dios le da instrucciones, y el profeta vive una experiencia sobrenatural, donde Dios vuelve a preguntarle por segunda vez: «¿Qué haces aquí, Elías?». Puede parecer que Dios no sabe lo que está ocurriendo en la vida del profeta, pero realmente lo que Él está esperando es una reacción al encuentro sobrenatural que ha ocurrido. Una experiencia como esta ocurre para acelerarnos hacia algo mayor. De nada valdría si no provoca alguna diferencia en nuestra vida. El profeta le contesta lo mismo en las dos ocasiones, pero ahora vemos lo siguiente: Y YHVH le dijo: «Ve, regresa por tu camino por el desierto de Damasco, y cuando llegues, ungirás a Hazael por rey de Siria. También ungirás como rey de Israel a Jehú ben Nimsi; y ungirás a Eliseo ben Safat, de Abel-mehola, como profeta en tu lugar» (1 Reyes 19:15–16, BTX).

A veces en el momento más difícil, en medio del desierto viene la palabra de DIOS a nuestra vida y pensamos que es para confortarnos, cuando en realidad viene a confrontarnos y a desafiarnos para que entremos en movimiento hacia una nueva temporada. Hoy puedes ver tu situación como una de muerte, pero toma las palabras del salmista cuando dijo:

«Aunque ande en valle de sombra de muerte, No temeré mal alguno, porque Tú estarás conmigo, Tu vara y tu cayado me infunden. aliento». (Salmos 23:4, BTX)

En medio de lo que vives hoy, DIOS te dice: «Todavía hay camino por recorrer, todavía no he terminado contigo, todavía sigo siendo fiel. Así que prepárate porque ahora viene el tiempo cuando otros comerán de tu mano, caminarán contigo y serán impartidos de lo que tú has recibido.

Una nueva generación sale de tus lomos para impactar el mundo con el mensaje del evangelio del Reino». Dios le informó a Elías que sería sustituido. No había más explicaciones, solo instrucciones, y no se nos menciona que hubo cuestionamiento, solo obediencia.

El Manto Del Llamamiento

Las Escrituras narran que inmediatamente partió de allí y halló a Eliseo que araba con doce yuntas de bueyes; entonces pasó Elías y le echó su manto. Ver la acción inmediata de Elías habla de su total compromiso en cumplir su asignación tal y cómo el Padre le había hablado. Eliseo estaba en la yunta número doce. Eso me habla de gobierno, porque ya había arado con una, con dos, con tres y así sucesivamente, pero llegó hasta la doce. Pasó los procesos de una y otra hasta estar en la posición de gobierno. Eso es interesante, porque para poder entrar en una nueva asignación, es necesario saber ejercer dominio propio. Quien no puede gobernarse a sí mismo jamás podrá gobernar con éxito a otros.

Este es el Primer Manto, el del llamamiento. Eliseo estaba haciendo lo que acostumbraba, su rutina diaria, laborando para sostenerse. Quizás era un día que parecía ser como todos los otros. Sin embargo, hubo un evento que sucedió a la distancia que tenía que ver con él. Aunque no se encontraba presente cuando el profeta Elías recibió la palabra; no obstante, el plan de DIOS lo incluía. Posiblemente tú que estás leyendo este libro, te encuentras en uno de esos días normales o tradicionales, posiblemente pensando que DIOS se ha olvidado de ti, pero hoy quiero creer contigo que a la distancia, en algún lugar, alguien está profetizando sobre ti. Hay palabras que vendrán a tu vida directamente, pero hay otras que serán declaradas y establecidas en otros lugares, y dichas palabras tendrán que ver contigo. El hecho de que yo no esté presente no necesariamente querrá decir que no tiene que ver conmigo.

Es más fácil pensar que otro está más capacitado para hacerlo, que otro reune las cualidades, otro está mejor calificado, pero hoy vengo a decirte, lo que piensas que te descalifica es lo que realmente te hace ser el candidato perfecto. *Cuando el mundo te pone el sello de rechazado, solo regocíjate porque has sido hallado aprobado por DIOS.*

> «Porque, mirad hermanos vuestro llamamiento, que no sois muchos sabios según la carne, ni muchos poderosos ni muchos nobles; sino que lo necio del mundo escogió Dios para avergonzar a los sabios, y lo débil del mundo escogió Dios, para avergonzar a los fuertes; y lo vil del mundo, y lo tenido en nada escogió Dios; lo que no es, para anular lo que es.» (1 Corintios 1:26-28, BTX)

Algo que llama mi atención fue la reacción rápida de Eliseo. Este fue un acto no anunciado, pero podemos pensar que fue algo esperado por él. Es cuando tú sabes que llegaste a esta estación temporera llamada tierra para hacer algo más de lo que has hecho hasta ahora. En el recóndito de tu ser tienes la convicción de que fuiste escogido desde antes de la fundación del mundo para cumplir una asignación del Padre. Es cuando estás a la expectativa de entrar en nuevas temporadas, y no estás claro de hacia dónde vas, o cómo has de hacerlo, pero en tu espíritu hay una convicción de que en cada paso que des, DIOS estará contigo para respaldarte. ¿Cuántas veces tu Pastor, tu Mentor, te ha predicado, te ha impulsado a que acciones la palabra? ¿Cuántas veces has sido impactado por el Espíritu Santo para que te actives y cumplas tu función en el Reino? Pero has estado esperando que ocurra algo tradicional.

A veces eres el factor que limita tu propio crecimiento, así que prepárate para ser sorprendido de la manera que menos pensabas. El llamado de Eliseo fue anunciado por Dios al profeta Elías, pero no fue hecho a Eliseo mediante un método convencional. Solo un manto fue la señal del llamado para Eliseo. En mi opinión personal, creo que Eliseo se levantaba todas las mañanas pensando y diciendo a sí mismo: *Este será el último día que estaré en esta labor temporera con los bueyes. Tiene que haber algo más. Creo que no nací para esto.* Querido lector, es por eso que en ocasiones puedes sentir incomodidad cuando sabes que estás haciendo algo por sobrevivir y no por vivir sobre la palabra que recibiste.

Dice la Biblia que inmediatamente que el manto le fue echado, él dejó los bueyes, y le dijo a Elías: «Besaré ahora a mi padre y a mi madre, y luego te seguiré» (1 Reyes 19:20, BTX). Podemos ver aquí un principio de honra hacia sus padres. El sabía que recibir el manto del llamamiento significaba desprenderse de sus padres naturales para comenzar una nueva vida junto al que se convertiría en su padre espiritual, su mentor, su maestro, su amigo, su profeta, su instructor y el hombre que lo posicionaría en su llamado. Nunca te muevas de un lugar o de una posición sin el manto del llamamiento y sin honrar los padres que dejas atrás. Recuerda que los principios que honras hoy te honrarán mañana. Recuerda que hoy eres hijo, pero mañana serás padre. Carga con la bendición de tus padres siempre.

El manto del llamamiento es parte de un acto profético, pero es muy importante entrar en tu nueva temporada dejando la casa de donde sales dentro del orden requerido. Muchos ministerios se levantan violentando este principio, y no es hasta que comiencen a cosechar lo que un día sembraron que se dan cuenta de lo necesario que era el haber salido en el orden correcto. Si ya recibiste el manto de tu llamado, ve y honra a tus padres antes de tomar alguna otra acción. Eliseo siguió el principio, y es interesante ver el hecho de que salió de la cobertura de sus padres naturales en orden, para entrar en la de un padre espiritual también en orden. Cuando observamos algunas de las leyes en diferentes países, nos damos cuenta de que los hijos al alcanzar una edad particular, y ya establecida, se consideran mayor de edad, y los padres naturales pierden jurisdicción sobre ellos. Sin embargo, no es así en la paternidad espiritual, donde los hijos nunca son, ni serán, lo suficientemente grandes o preparados para desligarse de dicha paternidad. En lo natural un hijo jamás será mayor en edad que el padre, pero en lo espiritual, podrás ver hijos, mayores que sus padres, porque no hay leyes naturales que rijan lo espiritual.

Luego Eliseo tomó la yunta de bueyes y los sacrificó y con el arado cocinó la carne y la dio a la gente para que comiera. Con este acto estaba diciendo: «El llamado que he recibido a través del manto es mas grande que mi ayer y que mi hoy. Por eso renunció a su vieja manera de vivir, y quemó la madera del arado para evitar la tentación de con ella construir puentes que lo hicieran volver atrás. Uno de los dichos más populares que escuchamos en el mundo es: «No quemes los puentes que dejaste atrás porque no sabes cuando tengas que regresar». Pero más allá de eso, hoy te digo, quema todo puente y ligadura al pasado porque del lugar donde DIOS te sacó no vas a regresar, y si hubiera una asignación especial en ese lugar, DIOS creará los medios correctos para lograrlo. Él no necesita de tus puentes pasados ni de tu ayuda para manifestar algo nuevo. Él es un Dios creativo. Él se proveerá de todo lo que sea necesario para que puedas cumplir tu encomienda en el momento indicado.

Él solo pide tu obediencia y enfoque hacia tu llamado. Recuerda esto: si tu pasado no fue capaz de detenerte, tampoco podrá sostenerte, así que despréndete, desconéctate de tu ayer para que puedas disfrutar tu hoy y tu mañana.

Luego que Eliseo dejara las cosas en orden en su casa y con su familia, fue tras Elías y lo servía de todo corazón. Podemos identificar en este acto la manera en que la palabra profética opera. En primer lugar vimos al profeta soltar el manto, e inmediatamente sigue su camino. La palabra es *soltada*, pero no espera por el que la recibió, sino que sigue su curso hacia su destino. Te toca a ti hoy correr con la palabra que has recibido. Mucha gente recibe una palabra profética, la escuchan, se emocionan, la comparten, pero no accionan. Entran en un periodo injustificado de espera, sin darse cuenta de que la palabra no va a esperar por ellos. En ocasiones pasan los meses y los años y no sucede nada, y cuando DIOS les vuelve a hablar, le repite la misma palabra, y se gozan porque volvieron a escuchar lo mismo, cuando en realidad el mensaje que deberían recibir es el de: «Tengo que hablarte lo mismo porque ha pasado el tiempo y no has accionado la palabra».

Creo que hemos avanzado mucho en los estudios, en la teología y en el conocimiento de la PALABRA. Sin embargo, hemos disminuido en nuestra obediencia y respuesta a las instrucciones de DIOS. En el tiempo de Noé, Abraham, Elías y Eliseo, entre otros, no se conocía la Biblia, a Jesús, ni al Espiritu Santo. No obstante, había una relación tan estrecha con el Formador del hombre que podían conocer su voz y obedecerle al instante, sin cuestionamientos y sin esperar confirmación alguna. Yo creo que cuando DIOS habla y pedimos una confirmación, realmente le estamos diciendo: «Vuélvemelo a decir porque la primera vez no te creí».

Hoy contamos con una generación muy preparada, conocedora y estudiosa, pero hemos perdido la sensibilidad al llamado de Dios. Todo se cuestiona, todo tiene que tener una explicación justa y razonable. Muchas veces se incluyen datos estadísticos y se busca en la historia para asegurarnos cuál fue el resultado de la última persona que trató de hacer lo que Dios te está pidiendo que hagas. Buscamos en la Biblia para asegurarnos que alguien lo hubiera hecho antes, pero mi pregunta es la siguiente: ¿quién había construido un arca antes de Noé?

¿Quién habiá dejado a su tierra y a su parentela para irse a un lugar que no sabía todavía? ¿Quién había recibido una orden de sacrificar su único hijo en un monte? ¿Quién después de haber asesinado a alguien era escogido como un libertador?

Posiblemente hay palabras que Dios te ha entregado donde lo único que quiere es escribir una nueva historia contigo. No hace falta que alguien lo hubiera hecho antes. Inclusive Jesús el Mesías dijo:

«De cierto, de cierto os digo: El que cree en mí, las obras que Yo hago, también el las hará; y mayores que éstas hará, porque Yo voy al Padre». (Juan 14:12, BTX)

DIOS siempre te hablará desde su posición de DIOS y no desde tu posición de humano. Tus circunstancias temporeras no son más grandes que tu destino, así que, este es un excelente tiempo para creer.

EL MANTO DEL SERVICIO

Eliseo tuvo que correr tras Elías, y dicen las Escrituras que le servía; él ya tenía el primer manto, el del llamamiento, y ahora le correspondía a él entender y reconocer de que la única manera en que podía recibir la manifestación para operar en el llamado era conociendo y sirviendo al hombre que Dios había puesto en su vida para que lo formara. Veamos que el primer manto le fue lanzado, pero el segundo no es un manto que físicamente se podía ver, pero es uno que va de la mano del primero. Elías no se lo dijo, pero Eliseo reaccionó inmediatamente.

Este es el manto que pocos quieren, pero es el más importante. Muchos toman el del llamado, pero pocos quieren servir.

Realmente todo el que anhela cumplir con su encomienda en la tierra tendrá que servir. No podemos obviar este principio de honra. Muchas veces decimos y repetimos lo que dice la Biblia: «Porque, ¿quién conoció la mente del Señor? ¿Quién lo instruirá? Pero nosotros tenemos la mente del Mesías» (1 Corintios 2:16, BTX).

Muchos han dicho «Yo tengo la mente de Cristo», pero veamos qué dice la Biblia sobre esto:

«Y el que quiera ser primero entre vosotros, será vuestro esclavo, así como el Hijo del Hombre no vino para ser servido, sino para servir y dar su vida en rescate por muchos». (Mateo 20:27–28, BTX)

Parte de la mente de Cristo era el servicio a otros. Por lo tanto nadie puede decir o alegar tener su mente si no está dispuesto a seguir lo que Él enseñó. Servir es la clave de la grandeza, así que sigamos el ejemplo de Jesús el Mesías.

El proceso de Eliseo al servicio de Elías lo puso en la posición de estar cerca de su padre espiritual. Conocería cómo era todo aspecto de su vida: su acostar, su levantar, sus días de risa y de llanto, sus frustraciones, y los milagros. Lo vería operar en su oficio de profeta. Pienso que escucharía anéctodas e historias de las experiencias pasadas en el ministerio. En otras palabras era un adiestramiento intensivo, una impartición personal. Realmente servirle a un hombre de DIOS es una satisfacción hermosa. Poner todo tu empeño y tu corazón para que otro pueda cumplir una encomienda es un gran principio de honra. Aquellos que saben ser el motor y el puente para otros más adelante serán honrados y alcanzarán en menos tiempo lo que al que ellos le sirvieron le tomó más tiempo. A veces es común escuchar el dicho religioso que dice: «Yo no le sirvo a hombres, yo le sirvo a Dios».

«Y respondiendo el Rey les dirá: De cierto os digo, en cuanto lo hicisteis a uno de estos, mis hermanos más pequeños, a mí me lo hicisteis» (Mateo 25:40, BTX).

Realmente es imposible servir a DIOS si no lo puedes hacer a través de un ser humano como tú. A DIOS no le puedes dar agua, no le puedes dar alimento, no le puedes limpiar los pies o los zapatos, no lo puedes invitar a comer, pero sí puedes hacerlo con tu hermano. En otras palabras, si no puedes servir a tu hermano a través del amor y del servicio, no podrás servir a DIOS. Tú puedes tener la certeza de que Dios no te va a fallar, no hablará mal de ti, no te traicionará, no te abandonará, no te robará, ni será injusto contigo, pero el hermano, tu líder, tu pastor, a quien Dios te llamó a servirle, te puede fallar en cualquiera de las áreas antes mencionadas, y eso es lo que te confrontará a la hora del servicio. Tu carácter será probado y desafiado al momento en que te corresponde servir y honrar a quien Dios pone sobre ti. El proceso de servicio es aún más fuerte cuando tienes que hacerlo con alguien que sabe menos que tú, que lleva menos tiempo en el evangelio que tú, que es más débil; ahí es donde somos probados y hallados justos.

Uno de los detalles interesantes del REINO es el hecho de que las posiciones, los ministerios o los dones no se reciben por veteranía. Realmente creo que todo el que quiera más de Dios, todo el que anhele crecer, desarollarse y conquistar el corazón del Padre, tendrá que servir con pasión.

Tus años de servicio a DIOS no son más importantes que tu corazón.

«El sacrificio grato a 'Elohim es el espíritu quebrantado. Al corazón contrito y humillado no despreciarás Tú, oh 'Elohim» (Salmos 51:17, BTX).

La manera en que Eliseo actuó con los bueyes y el arado me dan a entender que eran de su propiedad. El hecho de que él araba con la duodécima me indica una posición de gobierno. Es decir, él dejó su posición de dueño, de ser su propio jefe, para tomar la de servicio. Nunca pierdas la oportunidad y la bendición de servir.

El Manto De La Transferencia

Luego de una jornada de servicio al lado del profeta, llegó el momento donde Jehová haría subir a Elías a los cielos en un torbellino. El profeta comenzó una jornada por diferentes lugares, y en tres ocasiones le dijo a Eliseo: «Quédate aquí porque JEHOVÁ me ha enviado primero a Bet-'El, luego a Jericó y finalmente al Jordán». En las tres ocasiones Eliseo le dio la misma respuesta: «Vive JEHOVÁ y vive tu alma que no te dejaré! Y en dos ocasiones, una en Bet-'El y otra en Jericó, los hijos de los profetas le dijeron: ¿Sabes que JEHOVÁ arrebata hoy a tu Señor de encima de tu cabeza?».

A lo que Eliseo respondió: «Sí, lo sé, callad».

Elías le ordena a Eliseo que se quede, mientras él continúa en su labor; sin embargo, el corazón y la actitud de Eliseo iban más allá. Él no estaba dispuesto a soltar el manto de servicio bajo ninguna circunstancia. Él entendía claramente que su función no había terminado. Cuando eres asignado a servir, todos los momentos que pasan a quien le sirves son necesarios e importantes para ti. Tu adiestramiento no depende del tiempo que lleves haciendo la función, sino del tiempo determinado por DIOS para entrar en tu nueva asignación. Me parece que hay dos tipos de situaciones que afectan los ministerios de hoy. Uno de ellos es el hecho de encontrar gente que han tomado el manto del llamamiento, y sin recibir ninguna instrucción, solamente por plena deducción, salen del lado de su padre espiritual y se adelantan a querer operar en ministerios sin ningún tipo de cobertura o paternidad. Violentan los principios de honra, pero quieren ser honrados, y peor aún, exigen que la gente que ellos mismos se han asignado a pastorear, los honren como padres y que guarden y manifiesten los principios que ellos mismos han quebrantado. Se autollaman padres en ocasiones con las mismas personas que tomaron o robaron del lugar de donde salieron. Han operado sin orden y quieren tomar el manto de la transferencia.

Sin embargo, para que se lleve a cabo una transferencia, tiene que haber uno dispuesto y convencido de que el depósito que está haciendo es ordenado y aprobado por Dios. Quien se adelanta a soltar el manto no está apto, ni recibirá el manto de la transferencia. Puedes encontrar en el camino quien asuma el papel de padre, pero perderás la transferencia que originalmente te fue asignada. Estoy seguro que sustituir un diseño original de Dios por un sustituto impuesto o escogido por un humano jamas será lo mismo. Si miramos un poco hacia atrás en la historia, nos daremos cuenta de que el manto le fue entregado a Eliseo por mandato de Dios a través de Elías. Es decir, nuevas instrucciones sobre ese particular solo serían válidas si provenían de ellos mismos. Nunca sueltes el manto que te fue entregado, sin antes estar en la posición y en el tiempo de recibir otro manto. Era una decisión personal de Eliseo, pero él supo discernir. Recuerda esto; hay momentos en que tendrás que tomar desiciones, seguir, aunque no entiendas, o detenerte porque la lógica te dice que es mejor. Te puedes imaginar lo que hubiera sucedido si Eliseo hubiera dicho: «Elías, sigue tu camino porque yo estoy cansado», o, «Yo pensaba ir, pero, el profeta no me invitó». Todo su tiempo de servicio hubiera quedado en el aire. Hoy te toca a ti; tus desiciones personales tendrán consecuencias espirituales.

Algo que aprendí mientras servía en el ejército de los Estados Unidos fue lo siguiente: la única manera en que puedo dejar mi puesto es cuando haya sido debidamente relevado.

Muchas situaciones tratarán de desviarte o removerte de tu lugar, pero, mantente firme, solo resiste un poco más. Si hasta aquí has permanecido, si hasta aquí has servido, continúa haciéndolo, porque estás a punto de poseer tu herencia. Que hoy puedas decir como dijo Eliseo: «No te dejaré».

Los hijos de los profetas también le hablaron a Eliseo. Le decían sobre lo que estaba a punto de ocurrir. Sin embargo, el comentario venía como una advertencia de que en ese mismo día sería quitado Elías de su lado y quedaría sin cobertura. La realidad era que ellos hablaban desde la perspectiva de lo que no conocían. Ellos no escucharon cuando Jehová le habló a Elías sobre ungir a Eliseo. Ellos no vieron el momento en que Eliseo recibió el manto del llamamiento y lo que dejó atrás por seguir tras su llamado. Ellos no habían caminado por todo ese tiempo con Elías y Eliseo, ni habían visto el proceso por el cual habían pasado. Posiblemente en tu caminar hacia tu destino profético te has encontrado o te encontrarás con esta situación, gente que no conocen tu llamado, tu respuesta y tu caminar, tratando de desviar tu atención, pero hoy te digo, no desistas, mantente agarrado de esa Palabra que recibistes.

Eliseo había sido retado y empujado a dejar y abandonar su posición en el momento más crucial de su vida. Después de haber recibido el manto del llamamiento, dejando todo atrás, después de haber tomado el manto del servicio y haber servido con fidelidad y entrega, ahora, cuando está a punto de recibir su último manto, alguien lo quiere desconectar de su herencia, de su posición, de su padre. Ten cuidado porque cuando llegue tu momento de promoción alguien o muchos pueden hacer el intento de desconectarte o desanimarte para que abortes el plan de Dios, pero, no lo hagas, sé sabio y firme en lo que has creído. ¡Este es tu momento, solo resiste un poco más!

Todo tiempo de preparación y entrenamiento requiere de una prueba final. Cada dimensión a la que serás promovido traerá nuevos retos y nuevos desafíos, pero también traerá nuevas conquistas. Prepárate para encontrarte entre gente que jamás pensaste conocer, prepárate para visitar lugares que no pensastes visitar y prepárate para escuchar y ver lo que nadie ha visto ni escuchado. Narra la Biblia que llegaron junto al Jordán, y al otro lado a lo lejos, cincuenta hombres de los hijos de los profetas. Entonces Elías tomó su manto, lo dobló y golpeó las aguas, y las aguas se separaron; y ambos comenzaron a cruzar por tierra seca. Elías había comenzado a desprenderse de su manto. El hecho de haberlo doblado habla de doble porción. En ese cruce por el Jordán Elías le dijo a Eliseo: «Pide lo que he de hacer por ti antes que sea arrebatado de tu lado». Y Eliseo respondió: «¡Te ruego que una doble porción de tu espíritu venga sobre mí!».

Qué momento tan especial, único y de honra. Eliseo revela y abre su corazón ante Elías, pues nadie en la tierra conocía mejor a Elías que Eliseo. Caminaron juntos, compartieron sus vidas, los alimentos. Puedo pensar que reirían juntos, pero también llorarían juntos. En fin, Eliseo conocía el comportamiento de Elías, conocía su carácter, su acostar, su levantar, sus fortalezas y también sus debilidades. Sin embargo, reconocía el manto y la unción que había sobre él. El testimonio que había recibido de su Mentor lo había impactado al punto tal de que él no se comformaba con pedir lo que le correspondía. Él quería una doble porción del espíritu de Elías.

Y él le dijo: «Difícil cosa has pedido. Si me ves cuando sea arrebatado de tu lado será así; pero si no, no». Elías le lanzó su último reto: «Si permaneces a mi lado hasta el final, será tuyo». Tú que estás a punto de recibir lo que por herencia te corresponde, no te rindas. No salgas corriendo del lado de a quien fuiste llamado a servir. Todo tiene su tiempo, su espacio, y ahora es el tiempo de crecer más que nunca de la mano de tu Pastor, tu lider, o tu mentor. No te despegues....

Narran las Escrituras que mientras iban caminando y hablando, un carro de fuego con caballos de fuego los apartó, y Elías subió a los cielos en un torbellino. Y viéndolo Eliseo, clamaba: «Padre mío, padre mío», y no lo vio más. Entonces tomó sus vestidos y los rasgó en dos pedazos, y recogió el manto que se le había caído de Elías y se volvió y se detuvo frente al Jordán.

Llegó el momento, no solo para Elías, sino también para Eliseo. Llama mi atención las palabras que salen de la boca de Eliseo: «Padre mío, Padre mío». Eso habla de la verdadera relación que había entre ellos, la de un padre y un hijo. Las iglesias de hoy día están llenas de miembros y no de hijos que honren y respeten a sus padres espirituales. Así que si hoy estás leyendo este libro y no has estado honrando a quienes Dios ha puesto a guiarte y dirijirte, hoy es el mejor día para comenzar a hacerlo.

El acto de Eliseo de rasgar sus vestidos habla del fin de una temporada y el comienzo de otra. Se desprendía de sus vestiduras y comenzaría a usar las de su padre Elías, pero no en partida sencilla, sino operando bajo el Manto de la Doble Porción. Cuando te corresponda el tiempo de recibir tu manto, tienes que estar dispuesto a soltar para poder recibir.

Luego Eliseo golpeó las aguas con el manto, y las aguas se dividieron y él pudo cruzar. Dice que al otro lado estaban los hijos de los profetas observando. Eso quiere decir que al momento que Elías fue arrebatado, si Eliseo no hubiera estado allí, donde tenía que estar, el manto hubiera sido tomado por alguno de los hijos de los profetas. Hay alguien al otro lado a la expectativa de que tú te rindas y no culmines tu asignación. Siempre habrá alguien que te quiere desviar para que no recibas el manto de la transferencia.

Hoy te exhorto a que te mantengas firme en el lugar donde fuiste asignado para servir. Oigas lo que oigas, veas lo que veas, no te muevas sin honrar a tus padres. Opera siempre bajo cobertura espiritual, porque el tiempo de DIOS es mejor que el nuestro,

Si tomaste el Manto del Llamamiento y el de Servicio, no te despegues del lado de tus pastores hasta recibir el manto de la transferencia. Despues de un caminar de obediencia y servicio vendrá como herencia lo que te pertenece, la Doble Porción. Se parte de la generación que se levanta conociendo y viviendo bajo los principios de la honra. La historia de Elías y Eliseo nos da una clara enseñanza de lo que se necesita vivir para recibir lo que ya Dios predestinó para aquellos que han sido llamados y escogidos para trabajar en los negocios del Padre. Cuando Jesús el Mesías paso por la tierra en su asignación, nos dió el mejor ejemplo de lo que es honrar los principios del Reino, cuando fue al Jordán a ser bautizado por Juan y allí su Padre lo honró cuando al salir del agua se abrieron los cielos y vió al Espíritu de Dios descender como una paloma sobre Él y se escuchó una voz de los cielos que decía: Este es mi Hijo, el amado, en quien me complací.La honra del Mesías no vino hasta que Él honró a Juan, fíjate que inmediatamente después de su bautismo el Padre se pronunció y le dejó saber al mundo que aquel que había sido capaz de someterse a un hombre imperfecto para ser bautizado, ahora recibía la cobertura de su Padre Celestial y fue ahí que comenzó su ministerio en la tierra. Ahora te toca a ti decidir..... Te invito a tomar El Camino A La Doble Porción!

*Todos los versículos Bíblicos utilizados en este libro fueron tomados de la Biblia Textual BTX, Sociedad Bíblica Iberoamericana.

CPSIA information can be obtained at www.ICGtesting.com
Printed in the USA
BVOW06s1430301015

424533BV00008B/55/P